Todos los libros de Linkgua Ediciones cuentan con modelos de Inteligencia Artificial entrenados por hispanistas. Pregúntale al chat de tu libro lo que desees acerca de la obra o su autor/a.

Para ebooks: Accede a nuestro modelo de IA a través de este enlace.

Para libros impresos: Escanea el código QR de la portada con tu dispositivo móvil.

Obtén análisis detallados de nuestros libros, resúmenes, respuestas a tus preguntas y accede a nuestras ediciones críticas generativas para una experiencia de lectura más enriquecedora.
La transparencia y el respeto hacia la autoría de las fuentes utilizadas son distintivos básicos de nuestro proyecto. Por ello, las respuestas ofrecen, mediante un sistema de citas, las fuentes con las que han sido elaboradas.

Autores varios

Constitución Federal de los Estados Unidos Mexicanos de 1824

Barcelona 2024
Linkgua-ediciones.com

Créditos

Título original: Constitución Federal de los Estados Unidos Mexicanos.

e-mail: info@linkgua.com

Diseño de la colección: Michel Mallard.

ISBN rústica ilustrada: 978-84-9007-345-2.
ISBN tapa dura: 978-84-1126-718-2.
ISBN ebook: 978-84-9007-395-7.

Sumario

Constitución Federal de los Estados Unidos Mexicanos

Octubre 4 de 1824.

En el nombre de Dios Todopoderoso, autor y supremo legislador de la sociedad. El congreso general constituyente de la nación mexicana, en desempeño de los deberes que le han impuesto sus comitentes para fijar su independencia política, establecer y afirmar su libertad, y promover su prosperidad y gloria, decreta lo siguiente.

Constitución de los Estados-Unidos Mexicanos

Título I

Sección única. De la nación mexicana, su territorio y religión

1. La nación mexicana es para siempre libre e independiente del gobierno español y de cualquiera otra potencia.

2. Su territorio comprende el que fue del virreinato llamado antes Nueva España, el que se decía capitanía general de Yucatán, el de las comandancias llamadas antes de provincias internas de Oriente y Occidente, y el de la Baja y Alta California, con los terrenos anexos e islas adyacentes en ambos mares. Por una ley constitucional se hará una demarcación de los límites de la federación, luego que las circunstancias lo permitan.

3. La religión de la nación mexicana es y será perpetuamente la católica, apostólica, romana. La nación la protege por leyes sabias y justas, y prohibe el ejercicio de cualquiera otra.

Título II

Sección única. De la forma de gobierno de la nación, de sus partes integrantes, y división de su poder supremo

4. La nación mexicana adopta para su gobierno la forma de república representativa popular federal.

5. Las partes de esta federación son los Estados y territorios siguientes: el Estado de las Chiapas, el de Chihuahua, el de Coahuila y Tejas, el de Durango, el de Guanajuato, el de México, el de Michoacán, el Nuevo León, el de Oaxaca, el de Puebla de los Ángeles, el de Querétaro, el de San Luis Potosí, el de Sonora y Sinaloa, el Tabasco, el de las Tamaulipas, el de Veracruz, el de Jalisco, el de Yucatán y el de Zacatecas: el territorio de la Alta California, el de la Baja California, el de Colima y el de Santa Fe de Nuevo México. Una ley constitucional fijará el carácter de Tlaxcala.

6. Se divide el supremo poder de la federación para su ejercicio, en legislativo, ejecutivo y judicial.

Título III. Del poder legislativo

Sección primera. De su naturaleza y modo de ejercerlo

7. Se deposita el poder legislativo de la federación, en congreso general. Este se divide en dos cámaras, una de diputados y otra de senadores.

Sección segunda. De la cámara de diputados

8. La cámara de diputados se compondrá de representantes elegidos en su totalidad cada dos años, por los ciudadanos de los Estados.

9. Las cualidades de los electores se prescribirán constitucionalmente por las legislaturas de los Estados, a las que también corresponde reglamentar las elecciones conforme a los principios que se establecen en esta constitución.

10. La base general para el nombramiento de diputados será la población.

11. Por cada ochenta mil almas se nombrará un diputado, o por una fracción que pase de cuarenta mil. El Estado que no tuviere esta población, nombrará sin embargo un diputado.

12. Un censo de toda la federación, que se formará dentro de cinco años, y se renovará después cada decenio, servirá para designar el número de diputados que corresponda a cada Estado. Entretanto se arreglarán estos para computar

dicho número, a la base que designa el Artículo anterior, y al censo que se tuvo presente en la elección de diputados para el actual congreso.

13. Se elegirá asimismo en cada Estado el número de diputados suplentes que corresponda, a razón de uno por cada tres propietarios, o por una fracción que llegue a dos. Los Estados que tuvieren menos de tres propietarios, elegirán un suplente.

14. El territorio que tenga mas de cuarenta mil habitantes, nombrará un diputado propietario y un suplente, que tendrá voz y voto en la formación de leyes y decretos.

15. El territorio que no tuviere la referida población, nombrará un diputado propietario y un suplente, que tendrá voz en todas las materias. Se arreglarán por una ley particular las elecciones de los diputados de los territorios.

16. En todos los Estados y territorios de la federación se hará el nombramiento de diputados el primer domingo de Octubre próximo, anterior a su renovación, debiendo ser la elección indirecta.

17. Concluida la elección de diputados, remitirán las juntas electorales por conducto de su presidente al del consejo de gobierno, testimonio en forma de las actas de las elecciones en pliego certificado, y participarán a los elegidos su nombramiento por un oficio que les servirá de credencial.

18. El presidente del consejo de gobierno dará los testimonios de que habla el Artículo anterior, el curso que se prevenga en el reglamento del mismo consejo.

19. Para ser diputado se requiere:

I. Tener al tiempo de la elección la edad de 25 años cumplidos.

II. Tener por lo menos dos años cumplidos de vecindad en el Estado que elige, o haber nacido en él, aunque esté avecindado en otro.

20. Los no nacidos en el territorio de la nación mexicana, para ser diputado deberán tener además de ocho años de vecindad en él, ocho mil pesos de bienes raíces en cualquiera parte de la república, o una industria que les produzca mil pesos cada año.

21. Exceptuándose del Artículo anterior:

I. Los nacidos en cualquiera otra parte de la América que en 1810 dependía de la España, y que no se haya unido a otra nación, ni permanezca en dependencia de aquella, a quienes bastará tener tres años completos de vecindad en el territorio de la federación, y los requisitos del Artículo 19.

II. Los militares no nacidos en el territorio de la república que con las armas sostuvieron la independencia del país, a quienes bastará tener la vecindad de ocho años cumplidos en la nación, y los requisitos del Artículo 19.

22. La elección de diputados por razón de la vecindad, preferirá a la que se haga en consideración al nacimiento.

23. No pueden ser diputados:

I. Los que están privados o suspensos de los derechos de ciudadano.

II. El presidente y vicepresidente de la federación.

III. Los individuos de la Corte Suprema de Justicia.

IV. Los secretarios del despacho y los oficiales de sus secretarías.

V. Los empleados de hacienda, cuyo encargo se extiende a toda la federación.

VI. Los gobernadores de los Estados o territorios, los comandantes generales, los M. RR. obispos los gobernadores de los arzobispados y obispados, los provisores y vicarios generales, los jueces de circuito, y los comisarios generales de hacienda y guerra, por los Estados o territorios en que ejerzan su encargo y ministerio.

24. Para que los comprendidos en el Artículo anterior puedan ser elegidos diputados, deberán haber cesado absolutamente en sus destinos seis meses antes de las elecciones.

Sección tercera. De la cámara de senadores

25. El senado se compondrá de dos senadores de cada Estado, elegidos a mayoría absoluta de votos por sus legislaturas, y renovados por mitad de dos en dos años.

26. Los senadores nombrados en segundo lugar, cesarán a fin del primer bienio, y en lo sucesivo los mas antiguos.

27. Cuando falte algún senador por muerte, destitución u otra causa, se llenará la vacante por la legislatura correspondiente, si estuviere reunida, y no estándolo luego que se reúna.

28. Para ser senador se requieren todas las cualidades exigidas en la Sección anterior para ser diputado, y ademas tener al tiempo de la elección la edad de treinta años cumplidos.

29. No pueden ser senadores los que no pueden ser diputados.

30. Respecto a las elecciones de senadores regirán también el Artículo 22.

31. Cuando un mismo individuo sea elegido para senador y diputado, preferirá la elección primera en tiempo.

32. La elección periódica de senadores se hará en todos los Estados en un mismo día, que será el 1° de Setiembre próximo a la renovación por mitad de aquellos.

33. Concluido la elección de senadores, las legislaturas remitirán en pliego certificado, por conducto de sus presidentes al del consejo de gobierno, testimonio en forma de actas de las elecciones, y participarán a los elegidos su nombramientos por un oficio que les servirá de credencial. El presidente del consejo de gobierno dará curso a estos testimonios, según se indica en el Artículo 13.

Sección cuarta. De las funciones económicas de ambas cámaras y prerrogativas de sus individuos

34. Cada cámara en sus juntas preparatorias, en todo lo que pertenezca a su gobierno interior, observará el reglamento que formará el actual congreso, sin perjuicio de las reformas que en lo sucesivo se podrán hacer en él, si ambas cámaras lo estimaren conveniente.

35. Cada cámara calificará las elecciones de sus respectivos miembros, y resolverá las dudas que ocurran sobre ellas.

36. Ellas no pueden abrir sus sesiones sin la concurrencia de mas de la mitad del número total de sus miembros; pero los presentes de una y otra deberán reunirse el día señalado por el reglamento de gobierno interior de ambas, y compeler respectivamente a los ausentes bajo las penas que designe la ley.

37. Las cámaras se comunicarán entre sí y con el poder ejecutivo, por conducto de sus respectivos secretarios, o por medio de diputaciones.

38. Cualquiera de las dos cámaras podrá conocer en calidad de gran jurado sobre las acusaciones:

I. Del presidente de la federación, por delitos de traición contra la independencia nacional, o la forma establecida de gobierno, y por cohecho o soborno, cometidos durante el tiempo de su empleo.

II. Del mismo presidente por actos dirigidos manifiestamente a impedir que se hagan las elecciones de presidente, senadores y diputados o a que éstos se presenten a servir sus destinos en la épocas señaladas en esta constitución, o a impedir a las cámaras el uso de cualquiera de las facultades que les atribuye la misma.

III. De los individuos de la Corte Suprema de justicia y de los secretarios del despacho, por cualesquiera delitos cometidos durante el tiempo de sus empleos.

IV. De los gobernadores de los Estados, por infracciones de la constitución federal, leyes de la Unión, u órdenes del presidente de la federación, que no sean manifiestamente contrarias a la constitución y leyes generales de la Unión, también por la publicación de leyes y derechos de las legislaturas de sus respectivos Estados, contrarias a la misma constitución y leyes.

39. La cámara de representantes hará exclusivamente de gran jurado, cuando el presidente o sus ministros sean acusados por actos en que hayan intervenido el senado o el consejo de gobierno en razón de sus atribuciones. Estas misma cámara servirá del mismo modo de gran jurado en los casos de acusación contra el vicepresidente, por cualesquiera delitos cometidos durante el tiempo de su destino.

40. La cámara ante la que se hubiere hecho la acusación de los individuos de que hablan los dos artículos anteriores, se erigirá en gran jurado, y si declarare por el voto de los dos tercios de sus miembros presentes haber lugar a la formación de causa, quedará el acusado suspenso de su encargo, y puesto a disposición del tribunal competente.

41. Cualquier diputado o senador podrá hacer por escrito proposiciones, o presentar proyectos de ley o decreto en su respectiva cámara.

42. Los diputados y senadores serán inviolables por sus opiniones manifestadas en el desempeño de su encargo, y jamás podrán ser reconvenidos por ellas.

43. En las causas criminales que se intentaren contra los senadores o diputados, desde el día de su elección hasta dos meses después de haber cumplido su encargo, no podrán ser aquellos acusados sino ante la cámara de éstos, ni éstos sino ante la de senadores, constituyéndose cada cámara a su vez en gran jurado, para declarar si ha o no lugar a la formación de causa.

44. Si la cámara que haga de gran jurado en los casos del Artículo anterior, declarare por el voto de los dos tercios, de sus miembros presentes, haber lugar a la formación de causa, quedará el acusado suspenso de su encargo, y puesto a disposición del tribunal competente.

45. La indemnización de los diputados y senadores se determinará por ley, y pagará por la tesorería general de la federación.

46. Cada cámara, y también las juntas de que habla el Artículo 36, podrán librar las órdenes que crean convenientes, para que tenga efecto sus resoluciones tomadas a virtud de las funciones que a cada una comete la constitución en los artículos 35, 36, 39, 40, 44, y 45; y el presidente de los Esta-

dos-Unidos las deberá hacer ejecutar, sin poder hacer observaciones sobre ellas.

Sección quinta. De las facultades del congreso general

47. Ninguna resolución del congreso general tendrá otro carácter que el de ley o decreto.

48. Las resoluciones del congreso general para tener fuerza de ley o decreto, deberán estar firmadas por el presidente, menos en los casos exceptuados en esta constitución.

49. Las leyes y decretos que emanen del congreso general tendrán por objeto:

* I. Sostener la independencia nacional, y proveer a la conservación y seguridad de la nación en sus relaciones exteriores.

* II. Conservar la unión federal de los Estados, y la paz y el orden público en lo interior de la federación.

* III. Mantener la independencia de los Estados entre sí en lo respectivo a su gobierno interior, según la acta constitutiva y esta constitución.

* IV. Sostener la igualdad proporcional de obligaciones y derechos que los Estados tienen ante la ley.

50. Las facultades exclusivas del congreso general, son las siguientes:

* I. Promover la ilustración, asegurando por tiempo limitado derechos exclusivos a los autores por sus respectivas obras, estableciendo colegios de marina, artillerías e ingenieros; erigiendo uno o mas establecimientos en que se enseñen las ciencias naturales y exactas, políticas y morales, nobles artes y lenguas; sin perjudicar la libertad que tienen las legislaturas para el arreglo de la educación pública en sus respectivos Estados.

* II. Fomentar la prosperidad general decretando la apertura de caminos y canales o su mejora, sin impedir a los Estados la apertura o mejora de los suyos, estableciendo postas y correos, y asegurando por tiempo limitado a los inventores, perfeccionadores o introductores de algún ramo de industria derechos exclusivos por sus respectivos inventos, perfecciones o nuevas introducciones.

* III. Proteger y arreglar la libertad política de imprenta, de modo que jamás se pueda suspender su ejercicio, mucho menos abolirse en ninguno de los Estados ni territorios de la federación.

* IV. Admitir nuevos Estados a la unión federal, o territorios, incorporándolos en la nación.

* V. Arreglar definitivamente los límites de los Estados, terminando sus diferencias cuando no hayan convenido entre sí sobre la demarcación de sus respectivos distritos.

* VI. Erigir los territorios en Estados, o agregarlos a los existentes.

* VII. Unir dos o mas Estados a petición de sus legislaturas para que formen uno solo, o erigir otro de nuevo dentro de los límites de los que haya existen, con aprobación de las tres cuartas partes de los miembros presentes de ambas, y ratificación de igual número de las legislaturas de los demás Estados de la federación.

* VIII. Fijar los gastos generales, establecer las contribuciones necesarias para cubrirlos, arreglar su recaudación, determinar su inversión, y tomar anualmente cuentas al gobierno.

* IX. Contraer deudas sobre el crédito de la federación, y designar garantías para cubrirlas.

* X. Reconocer la deuda nacional, y señalar medios para consolidarla y amortizarla.

* XI. Arreglar el comercio con las naciones extranjeras, y entre los diferentes Estados de la federación y tribus de los indios.

* XII. Dar instrucciones para celebrar concordatos con la silla apostólica, aprobarlos para su ratificación, y arreglar el ejercicio del patronato en toda la federación.

* XIII. Aprobar los tratados de paz, de alianza, de amistad, de federación, de neutralidad armada, y cualesquiera otros que celebre el presidente de los Estados-Unidos con potencias extranjeras.

* XIV. Habilitar toda clase de puertos, establecer aduanas y designar su ubicación.

* XV. Determinar uniformar el peso, ley, valor tipo y denominación de las monedas en todos los Estados de la federación, y adoptar un sistema general de pesos y medidas.

* XVI. Decretar la guerra en vista de los datos que le presente el presidente de los Estados Unidos.

* XVII. Dar reglas para conceder patentes de corso, y para declarar buenas o malas las presas de mar y tierra.

* XVIII. Designar la fuerza armada de mar y tierra, fijar el contingente de hombres respectivo a cada Estado, y dar ordenanzas y reglamentos para su organización y servicio.

* XIX. Formar reglamentos para organizar, armar y disciplinar la milicia local de los Estados; reservando a cada uno el nombramiento respectivo de oficiales, y la facultad de instruirla conforme a la disciplina prescrita por dichos reglamentos.

* XX. Conceder o negar la entrada de tropas extranjeras en el territorio de la federación.

* XXI. Permitir o no la estación de escuadras de otra potencia por mas de un mes en los puertos mexicanos.

* XXII. Permitir o no la salida de tropas nacionales fuera de los limites de la república.

* XXIII. Crear o suprimir empleos públicos de la federación, señalar, aumentar o disminuir sus dotaciones, retiros y pensiones.

* XXIV. Conceder premios y recompensas a las corporaciones o personas que hayan hecho grandes servicios a la república, y decretar honores públicos a la memoria póstuma de los grandes hombres.

* XXV. Conceder amnistías o indultos por delitos cuyo conocimiento pertenezca a los tribunales de la Federación, en los casos y previos los requisitos que previenen las leyes.

* XXVI. Establecer una regla general de naturalización.

* XXVII. Dar leyes uniformes en todos los Estados sobre bancarrotas.

* XXVIII. Elegir un lugar que sirva de residencia a los supremos poderes de la Federación, y ejercer en su distrito las atribuciones del poder legislativo de un Estado.

* XXIX. Variar esta residencia cuando lo juzgue necesario.

* XXX. Dar leyes y decretos para el arreglo de la administración interior de los territorios.

* XXXI. Dictar todas las leyes y decretos que sean conducentes para llenar los objetos de que habla el art. 49, sin mezclarse en la administración interior de los Estados.

Sección sexta. De la formación de las leyes

51. La formación de las leyes y decretos puede comenzar indistintamente en cualquiera de las dos cámaras, a excepción de las que versaren sobre contribuciones o impuestos,

las cuales no pueden tener su origen sino en la cámara de diputados.

52. Se tendrán como iniciativas de ley o decreto:

1°. Las proposiciones que el Presidente de los Estados-Unidos Mexicanos tuviere por convenientes al bien de la sociedad, y como tales las recomendare precisamente a la cámara de diputados.

2°. Las proposiciones o proyectos de ley o decreto que las legislaturas de los Estados dirijan a cualquiera de las cámaras.

53. Todos los proyectos de ley o decreto, sin excepción alguna, se discutirán sucesivamente en las dos cámaras, observándose en ambas con exactitud lo prevenido en el reglamento de debates sobre la forma, intervalos y modo de proceder en las discusiones y votaciones.

54. Los proyectos de ley o decreto que fueren desechados en la cámara de su origen, antes de pasar a la revisora, no se volverán a proponer en ella por sus miembros en las sesiones de aquel año, sino hasta las ordinarias del año siguiente.

55. Si los proyectos de ley o decreto después de discutidos, fueren aprobados por la mayoría absoluta de los miembros presentes de una y otra cámara, se pasarán al Presidente de los Estados-Unidos, quien si también los aprobarse, los firmará y publicará; y si no, los devolverá con sus observaciones dentro de diez días útiles, a la cámara de su origen.

56. Los proyectos de ley o decreto devuelto por el presidente según el Artículo anterior, serán segunda vez discutidos en

las dos cámaras. Si en cada una de éstas fueren aprobados por las dos terceras partes de sus individuos presentes, se pasarán de nuevo al presidente, quien sin excusa deberán firmarlos y publicarlos; pero si no fueren aprobados por el voto de los dos tercios de ambas cámaras, no se podrán volver a proponer en ellas sino hasta el año siguiente.

57. Si el presidente no devolviere algún proyecto de ley o decreto del tiempo señalado en el Artículo 55, por el mismo hecho se tendrá por sancionado, y como tal se promulgará, a menos que corriendo aquel término, el congreso haya cerrado o suspendido sus sesiones, en cuyo caso la devolución deberá verificarse el primer día en que estuviere reunido el congreso.

58. Los proyecto de ley o decretos desechados por primera vez en su totalidad por la cámara revisora, volverán con las observaciones de éstas a la de su origen. Si examinados en ellas fueren aprobados por el voto de los dos tercios de sus individuos presentes, pasarán segunda vez a la cámara que los desechó, y no se entenderá que ésta los reprueba, si no concurren para ello el voto de los dos tercios de sus miembros presentes.

59. Los proyectos de ley o decreto que en segunda revisión fueren aprobados por los dos tercios de los individuos de la cámara de su origen, y no desechados por las dos terceras partes de los miembros de la revisora, pasarán al presidente, quien deberán firmarlos y circularlos, o devolverlos dentro de diez días útiles con sus observaciones a la cámara en que tuvieron su origen.

60. Los proyectos de ley o decreto que según el Artículo anterior devolviere el presidente a la cámara de su origen, se tomarán otra vez en consideración; y si ésta los aprobare por el voto de los dos tercios de sus individuos presentes, y la revisora no los desechare por igual número de sus miembros, volverán al presidente, quien deberá publicarlos. Pero si no fueren aprobados por el voto de los tercios de la cámara de su origen, o fueren aprobados por igual número de la revisora, no se podrán promover de nuevo, sino hasta las sesiones ordinarias subsecuentes.

61. En el caso de la reprobación por segunda vez de la cámara revisora, según el Artículo 58, se tendrán los proyectos por desechados, no pudiéndose volver a tomar en consideración sino hasta el año siguiente.

62. En las adiciones que haga la cámara revisora a los proyectos de ley o decreto se observarán las mismas formalidades que se observarán las mismas formalidades que se requieren en los proyectos, para que puedan pasarse al presidente.

63. Las partes que de un proyecto de ley o decreto, reprobare por primera vez la cámara revisora, tendrán los mismos trámites que los proyectos desechados por primera vez en su totalidad por ésta.

64. En la interpretación, modificación o revocación de las leyes y decretos, se guardarán los mismos requisitos que se prescriben para su formación.

65. Siempre que se comunique alguna resolución del congreso general al presidente de la República, deberá ir firmada

de los presidentes de ambas cámaras, y por un secretario de cada una de ellas.

66. Para la formación de toda ley o decreto, se necesita en cada cámara la presencia de la mayoría absoluta de todos los miembros de que debe componerse cada una de ellas.

Sección séptima. Del tiempo, duración y lugar de las sesiones del congreso general

67. El congreso general se reunirá todos los años el día 1º de Enero en el lugar que se designará por una ley. En el reglamento de gobierno interior del mismo, se prescribirán las operaciones previas a la apertura de sus sesiones, y las formalidades que se han de observar en su instalación.

68. A ésta asistirá el presidente de la federación, quien pronunciará un discurso análogo a este acto tan importante; y el que presida al congreso contestará en términos generales.

69. Las sesiones ordinarias del congreso serán diarias, sin otra interrupción que las de los días festivos solemnes; y para suspenderse por mas de dos días, será necesario el consentimiento de ambas cámaras.

70. Estas residirán en un mismo lugar, y no podrán trasladarse a otro sin que antes convengan en la traslación, y en el tiempo y modo de verificarla, designando un mismo punto para la reunión de una y otra. Pero si conviniendo las dos en la traslación, difirieren en cuanto al tiempo, modo o lugar, el presidente de los Estados terminarán la diferencia, eligiendo precisamente uno de los extremos en cuestión.

71. El congreso cerrará sus sesiones anualmente el día 15 de abril, con las mismas formalidades que se prescriben para su apertura, prorrogándolas hasta por treinta días útiles, cuando él mismo lo juzgue necesario, o cuando lo pida el presidente de la federación.

72. Cuando el congreso general se reúna para sesiones extraordinarias, se formará de los mismos diputados y senadores de las sesiones ordinarias de aquel año, y se ocupará exclusivamente del objeto u objetos comprendidos en su convocatoria; pero si no los hubiere llenado para el día en que se deben abrir las sesiones ordinarias, cerrarán las suyas, dejando los puntos pendientes a las suyas dejando los puntos pendientes a la resolución del congreso en dichas sesiones.

73. Las resoluciones que tome el congreso sobre su traslación, suspensión o prorrogación de sus sesiones, según los tres artículos anteriores, se comunicarán al presidente, quien las hará ejecutar sin poder hacer observaciones sobre ellas.

Título IV. Del supremo poder ejecutivo de la federación

Sección primera. De las personas en quien se deposita y de su elección

74. Se deposita el supremo poder ejecutivo de la federación en un solo individuo, que se denominará presidente de los Estados-Unidos Mexicanos.

75. Habrá también un vicepresidente, en quien recaerán, en caso de imposibilidad física o moral del presidente, todas las facultades y prerrogativas de éste.

76. Para ser presidente o vicepresidente, se requiere ser ciudadano mexicano por nacimiento, de edad de treinta y cinco años cumplidos al tiempo de la elección, y residente en el país.

77. El presidente no podrá ser reelecto para este encargo, sino al cuarto año de haber cesado en sus funciones.

78. El que fuere electo presidente o vicepresidente de la República, servirá estos destinos con preferencia a cualquier otro.

79. El día 1° de Setiembre del año próximo anterior a aquel en que deba el nuevo presidente entrar en el ejercicio de sus atribuciones, la legislatura de cada Estado elegirá, a mayoría absoluta de votos, dos individuos, de los cuales, uno por lo menos, no será vecino del Estado que elige.

80. Concluida la votación, remitirán las legislaturas al presidente del consejo de gobierno, en pliego certificado, testimonio de la acta de la elección, para que le dé el curso que prevenga el reglamento del consejo.

81. El 6 de Enero próximo se abrirán y leerán, en presencia de las cámaras reunidas, los testimonios de que habla el Artículo anterior, si se hubieren recibido los de las tres cuartas partes de las legislaturas de los Estados.

82. Concluida la lectura de los testimonios, se retirarán los senadores, y una comisión nombrada por la cámara de diputados, y compuesta de uno por cada Estado de los que tengan representantes presentes, los revisará y dará cuenta con su resultado.

83. En seguida la cámara procederá a calificar las elecciones y a la enumeración de los votos.

84. El que reuniere la mayoría absoluta de los votos de las legislaturas será el presidente.

85. Si dos tuvieren dicha mayoría, será presidente el que tenga mas votos, quedando el otro de vicepresidente. En caso de empate con la misma mayoría, elegirá la cámara de diputados uno de los dos para presidente, quedando el otro de vicepresidente.

86. Si ninguno hubiere reunido la mayoría absoluto de los votos de las legislaturas, la cámara de diputados elegirá al presidente, escogiendo en cada elección uno de los dos que tuvieren mayor número de sufragios.

87. Cuando mas de dos individuos tuvieren mayoría respectiva e igual número de votos, la cámara escogerá entre ellos al presidente o vicepresidente en su caso.

88. Si uno hubiere reunido la mayoría respectiva, y dos o mas tuvieren igual número de sufragios, pero mayor que los otros, la cámara elegirá entre los que tenga números mas altos.

89. Si todos tuvieren igual número de votos, la cámara elegirá de entre todos al presidente y vicepresidente, haciéndose lo mismo cuando uno tenga mayor número de sufragios, y los demás número igual.

90. Si hubiere empate en las votaciones sobre calificación de elecciones hechas por las legislaturas, se repetirá por una sola vez la votación; y si aun resultare empatada, decidirá la suerte.

91. En competencias entre tres o mas que tengan iguales votos, las votaciones se dirigirán a reducir los competidores a dos o a uno, para que en la elección compita con el otro que haya obtenido mayoría respectiva sobre todos los demás.

92. Por regla general, en las votaciones relativas a elección de presidente y vicepresidente, no se ocurrirá a la suerte antes de haber segunda votación.

93. Las votaciones sobre calificación de elecciones hechas por las legislaturas, y sobre las que haga la cámara de diputados, de presidente o vicepresidente, se harán por Estados, teniendo la representación de cada uno un solo voto; y para

que haya decisión de la cámara, deberá concurrir la mayoría absoluta de sus votos.

94. Para deliberar sobre los objetos comprendidos en el Artículo anterior, deberán concurrir en la cámara mas de la mitad del número total de sus miembros, y estar presentes diputados de las tres cuartas partes de los Estados.

Sección segunda. De la duración del presidente y vicepresidente, del modo de llenar las faltas de ambos y de su juramento

95. El presidente y vicepresidente de la federación, entrarán en sus funciones el 1° de Abril, y serán reemplazados precisamente en igual día cada cuatro años, por una nueva elección constitucional.

96. Si por cualquier motivo las elecciones de presidente y vicepresidente, no estuvieren hechas y publicadas para el día 1° de Abril, en que debe verificarse el reemplazo, o los electores no se hallasen prontos a entrar en el ejercicio de su destino, cesarán, sin embargo, los antiguos en el mismo día, y el supremo poder ejecutivo se depositará interinamente en un presidente que nombrará la cámara de diputados, votando por Estados.

97. En caso que el presidente y vicepresidente estén impedidos temporalmente, se hará lo prevenido en el Artículo anterior; y si el impedimento de ambos acaeciere no estando el congreso reunido, el supremo poder ejecutivo se depositará en el presidente de la Corte Suprema de Justicia, y en dos individuos que elegirá a pluralidad absoluta de votos el consejo

de gobierno. Estos no podrán ser de los miembros del congreso general, y deberán tener las cualidades que se requieren para ser presidente de la federación.

98. Mientras se hacen las elecciones de que hablan los dos artículos anteriores, el presidente de la Corte Suprema de Justicia se encargará del supremo poder ejecutivo.

99. En caso de imposibilidad perpetua del presidente y vicepresidente, el congreso, y en sus recesos el consejo de gobierno, proveerán respectivamente según se previenen en los artículos 96 y 97, y en seguida dispondrán que las legislaturas procedan a la elección de presidente y vicepresidente según las formas constitucionales.

100. La elección de presidente y vicepresidente hecha por las legislaturas a consecuencias de imposibilidad perpetua de los que obtenían estos cargos, no impedirá las elecciones ordinarias que deben hacerse cada cuatro años el 1° de Setiembre.

101. El presidente y vicepresidente nuevamente electos cada cuatro años, deberán estar el 1° de Abril en el lugar en que residan los poderes supremos de la Federación, y jurar ante las cámaras reunidas el cumplimiento de sus deberes, bajo la fórmula siguiente:

«Yo, N., nombrado presidente (o vicepresidente) de los Estados-Unidos Mexicanos, juro por Dios y los Santos Evangelios, que ejerceré fielmente el encargo que los mismos Estados-Unidos me han confiado, y que guardaré y haré guardar exactamente la Constitución y leyes generales de la Federación.»

102. Si ni el presidente ni el vicepresidente se presentaren a jurar según se prescribe en el Artículo anterior, estando abiertas las sesiones del congreso, jurarán ante el consejo de gobierno luego que cada uno se presente.

103. Si el vicepresidente prestare el juramento prescrito en el art. 101 antes que el presidente, entrará desde luego a gobernar hasta que el presidente haya jurado.

104. El presidente y vicepresidente nombrados constitucionalmente según el art. 99, y los individuos nombrados para ejercer provisionalmente el cargo de presidente según los art. 96 y 97, prestarán el juramento del art. 101 ante las cámaras, si estuvieren reunidas; y no estándolo, ante el consejo de gobierno.

Sección tercera. De las prerrogativas del presidente y vicepresidente

105. El presidente podrá hacer al congreso las propuestas o reformas de ley que crea conducentes al bien general, dirigiéndola a la cámara de diputados.

106. El presidente puede por una sola vez, dentro de diez días útiles, hacer observaciones sobre las leyes y decretos que le pase el congreso general, suspendiendo su publicación hasta la resolución del mismo congreso, menos en los casos exceptuados en esta Constitución.

107. El presidente, durante el tiempo de su encargo, no podrá ser acusado sino ante cualquiera de las cámaras, y solo por

los delitos de que habla el art. 38, cometidos en el tiempo que allí se expresa.

108. Dentro de un año, contado desde el día en que el presidente cesare en sus funciones, tampoco podrá ser acusado sino ante alguna de las cámaras por los delitos de que habla el art. 38. y demás por cualesquiera otros, con tal que sean cometidos durante, no podrá ser acusado por dichos delitos.

109. El vicepresidente, en los cuatro años de este destino, podrá ser acusado solamente ante la cámara de diputados por cualquier delito cometido durante el tiempo de su empleo.

Sección cuarta. De las atribuciones del presidente, y restricciones de sus facultades

110. Las atribuciones del presidente son las que siguen:

* I. Publicar, circular y hacer guardar las leyes y decretos del congreso general.

* II. Dar reglamentos, decretos y órdenes para el mejor cumplimiento de la Constitución, acta constitutiva y leyes generales.

* III. Poner en ejecución las leyes y decretos dirigidos a conservar la integridad de la Federación, y a sostener su independencia en lo exterior, y unión y libertad en lo interior.

* IV. Nombrar y remover libremente a los secretarios del despacho.

* V. Cuidar de la recaudación, y decretar la inversión de las contribuciones generales con arreglo a las leyes.

* VI. Nombrar los jefes de las oficinas generales de hacienda, los de las comisarías generales, los enviados diplomáticos y cónsules, los coroneles y demás oficiales superiores del ejército permanente, milicia activa y armada, con aprobación del senado, y en sus recesos, del consejo de gobierno.

* VII. Nombrara los demás empleados del ejército permanente, armada y milicia activa, y de las oficinas de la Federación, arreglándose a lo que dispongan las leyes.

* VIII. Nombrar, a propuesta en terna de la Corte Suprema de Justicia, los jueces y promotores fiscales de circuito y de distrito.

* IX. Dar retiros, conceder licencias y arreglar las pensiones de los militares conforme a las leyes.

* X. Disponer de la fuerza armada permanente de mar y tierra, y de la milicia activa, para la seguridad interior y defensa exterior de la Federación.

* XI. Disponer de la milicia local para los mismos objetos, aunque para usar de ella fuera de sus respectivos Estados o territorios, obtendrá previamente consentimiento del congreso general, quien calificará la fuerza necesaria; y no estando éste reunido, el consejo de gobierno prestará el consentimiento y hará la expresada calificación.

* XII. Declarar la guerra en nombre de los Estados-Unidos Mexicanos, previo decreto del congreso general, y conceder patentes de corso con arreglo a lo que dispongan las leyes.

* XIII. Celebrar concordatos con la silla apostólica en los términos que designa la facultad XII del Artículo 50.

* XIV. Dirigir las negociaciones diplomáticas, y celebrar tratados de paz, amistad, alianza, tregua, federación, neutralidad armada, comercio y cualesquiera otros; mas para prestar o negar su ratificación a cualquiera de ellos, deberá preceder la aprobación del congreso general.

* XV. Recibir ministros y otros enviados de las potencias extranjeras.

* XVI. Pedir al congreso general la prorrogación de sus sesiones ordinarias hasta por treinta días útiles.

* XVII. Convocar al congreso para sesiones extraordinarias en el caso que lo crea conveniente, y lo acuerden así las dos terceras partes de los individuos presentes del congreso de gobierno.

* XVIII. Convocar también al congreso a sesiones extraordinarias, cuando el consejo de gobierno lo estime necesario por el voto de las terceras partes de sus individuos presentes.

* XIX. Cuidar de que la justicia se administre pronta y cumplimiento por la Corte Suprema, tribunales y juzgados de la federación y de que sus sentencias sean ejecutadas según las leyes.

* XX. Suspender de sus empleos, hasta por tres meses, y privar aun de la mitad de sus sueldos por el mismo tiempo, a los empleados de la federación, infractores de sus órdenes y decretos; y en los casos que crean deberse formar causa a tales empleados, pasará los antecedentes de la materia al tribunal respectivo.

* XXI. Conceder el pase o retener los decretos conciliares, burlas pontificias, breves y rescriptos, con consentimiento del congreso general, si contienen disposiciones generales; oyendo al senado, y en sus recesos al consejo de gobierno, si se versaren sobre negocios particulares o gobernativo: y a la Corte Suprema de Justicia, si se hubieren expedido sobre asuntos contenciosos.

111. El presidente, para publicar las leyes y decretos, usará de la fórmula siguiente: El presidente de los Estados-Unidos Mexicanos, a los habitantes de la República, sabed: que el congreso general ha decretado lo siguiente (aquí el texto). Por tanto, mando se imprima, publique, circule y se le dé el debido cumplimiento.

112. Las restricciones de las facultades del presidente, son las siguientes:

* I. El presidente o podrá mandar en persona las fuerzas de mar y tierra, sin previo consentimiento del congreso general, o acuerdo en sus recesos del consejo de gobierno, por el voto de dos terceras partes de sus individuos presentes; y cuando las mande con el requisito anterior, el vicepresidente se hará cargo del gobierno.

* II. No podrá el presidente privar a ninguno de su libertad, ni imponerle pena alguna; pero cuando lo exija el bien y seguridad de la federación, podrá arrestar, debiendo poner las personas arrestada en el término de cuarenta y ocho horas, a disposición del tribunal o juez competente.

* III. El presidente no podrá ocupar la propiedad de ningún particular ni corporación, ni turbarle en la posesión, uso o aprovechamiento de ella; y si en algún caso fuere necesario, para un objeto de conocida utilidad general, tomar la propiedad de un particular o corporación, no lo podrá hacer sin previa aprobación del senado, y en sus recesos, del consejo de gobierno, indemnizados siempre a la parte interesada a juicio de hombres buenos elegidos por ella y el gobierno.

* IV. El presidente no podrá impedir las elecciones y demás actos que se expresan en la segunda parte del Artículo 38.

* V. El presidente, y lo mismo el vicepresidente, no podrá, sin permiso del congreso, salir del territorio de la República durante su encargo, y un año después.

Sección quinta. Del consejo de gobierno

113. Durante el receso del congreso general, habrá un consejo de gobierno, compuesto de la mitad de los individuos del senado, uno por cada Estado.

114. En los años primeros formarán este consejo los primeros nombrados por sus respectivos legislaturas, y en lo sucesivo los mas antiguos.

115. Este consejo tendrá por presidente nato al vicepresidente de los Estados-Unidos, y nombrará, según su reglamento, un presidente temporal que haga las veces de aquel en sus ausencias.

116. Las atribuciones de este consejo son las que siguen:

* I. Velar sobre la observancia de la constitución, de la acta constitutiva y leyes generales, formando expediente sobre cualquier incidente relativo a estos objetos.

* II. Hacer al presidente las observaciones que crea conducentes para el mejor cumplimiento de la constitución y leyes de la Unión.

* III. Acordar por sí solo o a propuesta del presidente, la convocatoria del congreso a sesiones extraordinarias, debiendo concurrido, para que haya acuerdo en uno y otro caso, el voto de las dos terceras partes de los consejos presentes, según se indica en las atribuciones XVII y XVIII del Artículo 110.

* IV. Prestar su consentimiento para el uso de la milicia local en los casos de que habla el Artículo 110, atribución XI.

* V. Aprobar el nombramiento de los empleados que designa la atribución IV del Artículo 110.

* VI. Dar su consentimiento en el caso del Artículo 112, restricción I.

* VII. Nombrar dos individuos para que con el presidente de la Corte Suprema de Justicia, ejerzan provisionalmente el supremo poder ejecutivo según el Artículo 97.

* VIII. Recibir el juramento del Artículo 101, a los individuos del supremo poder ejecutivo en los casos prevenidos por esta constitución.

* IX. Dar su dictamen en las consultas que el haga el presidente a virtud de la facultad XXI del Artículo 110, y en los demás negocios que le consulte.

Sección sexta. Del despacho de los negocios de gobierno

117. Para el despacho de los negocios de gobierno de la república, habrá el número de secretarios que establezca el congreso general por una ley.

118. Todos los reglamentos, decretos y órdenes del presidente, deberán ir firmados por el secretario de despacho del ramo a que el asunto corresponda, según reglamento; y sin este requisito no serán obedecidas.

119. Los secretarios del despacho serán responsables de los actos del presidente que autoricen con su firma contra esta constitución, la acta constituida, leyes generales y constituciones particulares de los Estados.

120. Los secretarios del despacho darán a cada cámara, luego que estén abiertas sus sesiones anuales, cuenta del estado de su respectivo ramo.

121. Para ser secretario del despacho, se requiere ser ciudadano mexicano por nacimiento.

122. Los secretarios de despacho formarán un reglamento para la mejor distribución y giro de los negocios de su cargo, que pasará el gobierno al congreso para su aprobación.

Título V. Del poder judicial de la federación

Sección primera. De la naturaleza y distribución de este poder

123. El poder judicial de la federación residirá en una Corte Suprema de Justicia, en los tribunales de circuito, y en los juzgados de distrito.

Sección segunda. De la Corte Suprema de Justicia y de la elección, duración y juramento de sus miembros

124. La Corte Suprema de Justicia se compondrá de once ministros distribuidos en tres Salas, y de un fiscal, pudiendo el congreso general aumentar o disminuir su número, si lo juzgare conveniente.

125. Para ser electo individuo de la Corte Suprema de Justicia se necesita estar instruido en la ciencia del derecho a juicio de las legislaturas de los Estados; tener la edad de treinta y cinco años cumplidos; ser ciudadano natural de la república, o nacido en cualquier parte de la América que antes de 1810 dependía de la España, y que se ha separado de ella, con tal que tenga la vecindad de cinco años cumplidos en el territorio de la república.

126. Los individuos que compongan la Corte Suprema de Justicia, serán perpetuos en este destino, y solo podrán ser removidos con arreglo a las leyes.

127. La elección de los individuos de la Corte Suprema de Justicia, se hará en un mismo día por las legislaturas de los Estados a mayoría absoluta de votos.

128. Concluidas las elecciones, cada legislatura remitirá al presidente de consejo de gobierno, una lista certificada de los doce individuos electos, con distinción del que lo haya sido para fiscal.

129. El presidente del consejo, luego que haya recibido las listas por lo menos de las tres cuartas partes de las legislaturas, les dará el curso que se prevenga en el reglamento del consejo.

130. En el día señalado por el congreso, se abrirán y leerán las expresadas listas a presencia de la cámara reunidas, retirándose en seguida los senadores.

131. Acto continuo, la cámara de diputados nombrará por mayoría absoluta de votos una comisión que deberá componerse de un diputado por cada Estado, que tuviere representantes presentes, a la que se pasarán las listas para que revisándolas dé cuenta con sus resultado, procediendo la cámara a calificar las elecciones y a la enumeración de los votos.

132. El individuo o individuos que reuniesen mas de la mitad de los votos computados por el número total de las legislaturas, y no por el de sus miembros respectivos, se tendrán desde luego por nombrados, sin mas declararlo así la cámara de diputados.

133. Si los que hubiese reunido la mayoría de sufragios prevenida en el Artículo anterior, no llenaren el número de doce,

la misma cámara elegirá sucesivamente de entre los individuos que hayan obtenido de las legislaturas mayor número de votos, observando en todo lo relativo a estas elecciones lo prevenido en la Sección primera del título IV, que trata de las elecciones de presidente y vicepresidente.

134. Si un senador o diputado fuerte electo para ministro o fiscal de la Corte Suprema de Justicia, preferirá la elección que se haga para estos destinos.

135. Cuando falte alguno o algunos de los miembros de la Corte Suprema de Justicia, por imposibilidad perpetua, se reemplazarán conforme en un todo a lo dispuesto en esta Sección, previo aviso que dará el gobierno a las legislaturas de los Estados.

136. Los individuos de la Corte Suprema de Justicia, al entrar a ejercer su cargo, prestarán juramento ante el presidente de la república, en la forma siguiente: ¿Juráis a Dios nuestro Señor haberos fiel y legalmente en el desempeño de las obligaciones que os confía la nación? Si así lo hiciereis, Dios os lo premie, y si no, os lo demande.

Sección tercera. De las atribuciones de la Corte Suprema de Justicia

137. Las atribuciones de la Corte Suprema de Justicia, son las siguientes:

* I. Conocer de las diferencias que puede haber de uno a otro Estado de la federación, siempre que las reduzcan a un juicio verdaderamente contencioso en que deba recaer formal

sentencia, y de las que se susciten entre un Estado, y uno o mas vecinos de otro, entre particulares sobre pretensiones de tierras, bajo concesiones de diversos Estados, sin perjuicio de que las partes usen de su derechos, reclamando la concesión a la autoridad que la otorgó.

* II. Terminar las disputas que se susciten sobre contratos o negociaciones celebrados por el gobierno supremo o sus agentes.

* III. Consultar sobre paso o retención de bulas pontificias, breves y rescriptos expedidos en asuntos contenciosos.

* IV. Dirimir las competencias que se susciten entre los tribunales de la federación, y entre éstos y los de los Estados, y las que se muevan entre los de un Estado y los de otro.

* V. Conocer:

* Primero. De las causas que se muevan al presidente y vicepresidente, según los artículos 38 y 39, previa la declaración del Artículo 40.

* Segundo. De las causas criminales de los diputados y senadores indicadas en Artículo 43, previa la declaración de que habla el Artículo 44.

* Tercero. De las de los gobernadores de los Estados en los casos de que habla el Artículo 38 en su parte tercera, previa la declaración prevenida en el Artículo 40.

* Cuarto. De las de los secretarios del despacho, según los artículos 38 y 40.

* Quinto. De los negocios civiles y criminales de los empleados diplomáticos y cónsules de la república.

* Sexto. De las causas de almirantazgo, presas de mar y tierra, y contrabandos; de los crímenes cometidos en altas mar; de las ofensas contra la nación de los Estados-Unidos Mexicanos; de los empleados de hacienda y justicia de la federación, y de las infracciones de la constitución y leyes generales, según se prevenga por la ley.

138. Una ley determinará el modo y grados en que deba conocer la Corte Suprema de Justicia en los casos comprendidos en esta Sección.

Sección cuarta. Del modo de juzgar a los individuos de la Corte Suprema de Justicia

139. Para juzgar a los individuos de la Corte Suprema de Justicia, elegirá la cámara de diputados, votando por Estados, en el primer mes de las sesiones ordinarias de cada bienio, veinte y cuatro individuos, que no sean del congreso general, y que tengan las cualidades que los ministros de dicha Corte Suprema. De éstos se sacarán por suerte un fiscal, y un número de jueces igual a aquel de que conste la primera Sala de la Corte, y cuando fuere necesario, procederá la misma cámara, y en sus recesos el consejo de gobierno, a sacar del mismo modo los jueces de las otras Salas.

Sección quinta. De los tribunales de circuito

140. Los tribunales de circuito se compondrán de un juez letrado, un promotor fiscal, ambos nombrados por el supremo poder ejecutivo a propuesta en terna de la Corte Suprema de Justicia, y de dos asociados según dispongan las leyes.

141. Para ser juez de circuito se requiere ser ciudadano de la federación, y de edad de treinta años cumplidos.

142. A estos tribunales corresponde conocer de las causas de almirantazgo, presas de mar y tierra, contrabandos, crímenes cometidos en alta mar, ofensas contra los Estados-Unidos Mexicanos, de las causas de los cónsules, y de las causas civiles cuyo valor pase de quinientos pesos, y en las cuales esté interesada la federación. Por una ley se designará el número de estos tribunales, sus respectivas jurisdicciones, el modo, forma y grado en que deberá ejercer sus atribuciones en estos y en los demás negocios cuya inspección se atribuye a la Corte Suprema de Justicia.

Sección sexta. De los juzgados de distrito

143. Los Estados-Unidos Mexicanos se dividirán en cierto número de distritos, y en cada uno de estos habrá un juzgado, servido por un juez letrado, en que se conocerá, sin apelación, de todas las causas civiles en que esté interesada la federación, y cuyo valor no exceda de quinientos pesos; y en primera instancia, de todos los casos en que deban conocer en segunda los tribunales de circuito.

144. Para ser juez de distrito se requiere ser ciudadano de los Estados-Unidos Mexicanos, y de edad de veinte y cinco años

cumplidos. Estados jueces serán nombrados por el presidente a propuesta en terna de la Corte Suprema de Justicia.

Sección séptima. Reglas generales a que se sujetara en todos los Estados y territorios de la federación la administración de justicia

145. En cada uno de los Estados de la federación se prestará entre fe y crédito a los actos, registros y procedimientos de los jueces y demás autoridades de los otros Estados. El congreso general uniformará las leyes, según las que deberán probarse dichos actos, registros y procedimientos.

146. La pena de infamia no pasará del delincuente que la hubiere merecido según las leyes.

147. Queda para siempre prohibida la pena de confiscación de bienes.

148. Queda para siempre prohibido todo juicio por comisión y toda ley retroactiva.

149. Ninguna autoridad aplicará clase alguna de tormentos, sea cual fuere la naturaleza y estado del proceso.

150. Nadie podrá ser detenido sin que haya semiplena prueba, o indicio de que es delincuente.

151. Ninguno será detenido solamente por indicios más de sesenta horas.

152. Ninguna autoridad podrá librar orden para el registro de las casas, papeles y otros efectos de los habitantes de la república, si no es en los casos expresamente dispuestos por ley, y en la forma que ésta determine.

153. A ningún habitante de la república se le tomará juramento sobre hechos propios al declarar en materias criminales.

154. Los militares y eclesiásticos continuaran sujetos a las autoridades a que lo están en la actualidad, según las leyes vigentes.

155. No se podrá entablar pleito alguno en lo civil ni en lo criminal, sobre injurias, sin hacer constar haberse intentado legalmente el medio de la conciliación.

156. A nadie podrá privarse del derecho de terminar sus diferencias por medio de jueces árbitros, nombrados por ambas partes, sea cual fuere el estado del juicio.

Título VI. De los estados de la federación

Sección primera. Del gobierno particular de los Estados

157. El gobierno de cada Estado se dividirá para su ejercicio en los tres poderes, legislativo, ejecutivo y judicial; y nunca podrán unirse dos o mas de ellos en una corporación o persona, ni el legislativo depositarse en un solo individuo.

158. El poder legislativo de cada Estado residirá en una legislatura compuesta del número de individuos que determinarán sus constituciones particulares, electos popularmente, y amovibles en el tiempo y modo que ellas dispongan.

159. La persona o personas a quien los Estados confiaren su poder ejecutivo, no podrá ejercerlo si no por determinado tiempo, que fijara su constitución respectiva.

160. El poder judicial de cada Estado, se ejercerá por los tribunales que establezca o designe la constitución; y todas las causas civiles o criminales que pertenezcan al conocimiento de estos tribunales, serán fenecidas en ellos hasta su última sentencia.

Sección segunda. De las obligaciones de los Estados

161. Cada uno de los Estados tiene obligación:

* I. De organizar su gobierno y administración interior, sin oponerse a esta constitución ni a la acta constitutiva.

* II. De publicar por medio de sus gobernadores su respectiva constitución, leyes y decretos.

* III. De guardar y hacer guardar la constitución y leyes generales de la Unión, y los tratados hechos o que en adelante se hicieren por la autoridad suprema de la federación con alguna potencia extranjera.

* IV. De proteger a sus habitantes en el uso de la libertad que tiene de escribir, imprimir y publicar sus ideas políticas, sin necesidad de licencia, revisión o aprobación anterior a la publicación; cuidando siempre de que se observen las leyes generales de la materia.

* V. De entregar inmediatamente los criminales de otros Estados a la autoridad que los reclame.

* VI. De entregar los fugitivos de otros Estados a la persona que justamente los reclame, o compelerlos de otro modo a la satisfacción de la parte interesada.

* VII. De contribuir para consolidar y amortizar las deudas reconocidas por el congreso general.

* VIII. De remitir anualmente a cada una de las cámaras del congreso general, nota circunstanciada y comprensiva de los egresos de todas las tesorerías que haya en sus respectivos distritos, con relación del origen de unos y otros, del estado en que se hallen los ramos de industria agrícola, mercantil y fabril; de los nuevos ramos de industria que puedan introducirse y fomentarse, con expresión de los medios para conse-

guirlo, y de su respectiva población y modo de protegerla o aumentarla.

* IX. De remitir a las dos cámaras, y en sus recesos al consejo de gobierno, y también al supremo poder ejecutivo, copia autorizada de sus constituciones, leyes y decretos.

Sección tercera. De las restricciones de los poderes de los Estados

162. Ninguno de los Estados podrá:

* I. Establecer sin el consentimiento del congreso general, derecho alguno de tonelaje, ni otro alguno de puerto.

* II. Imponer sin consentimiento del congreso general, contribuciones o derechos sobre importaciones o exportaciones, mientras la ley no regule como deban hacerlo.

* III. Tener en ningún tiempo tropa permanente ni buques de guerra, sin el consentimiento del congreso general.

* IV. Entrar en transacción con alguna potencia extranjera, ni declararle guerra, debiendo resistirle en caso de actual invasión, o en tan inminente peligro que no admita demora; dando inmediatamente cuenta, en estos casos, al presidente de la república.

* V. Entrar en transacción o contrato con otros Estados de la federación, sin el consentimiento previo del congreso general, o su aprobación posterior, si la transacción fuere sobre arreglo de límites.

Título VII

Sección única. De la observancia, interpretación y reforma de la constitución y acta constitutiva

163. Todo funcionario público, sin excepción de clase alguna, antes de tomar posesión de su destino, deberá prestar juramento de guardar esta constitución y la acta constitutiva.

164. El congreso dictará todas las leyes y decretos que crea conducentes, a fin de que se haga efectiva la responsabilidad de los que quebranten esta constitución o la acta constitutiva.

165. Solo el congreso general podrá resolver las dudas que ocurran sobre inteligencia de los artículos de esta constitución y de la acta constitutiva.

166. Las legislaturas de los Estados podrán hacer observaciones, según les parezca conveniente, sobre determinados artículos de esta constitución y de la acta constitutiva; pero el congreso general no las tomará en consideración sino precisamente el año de 1830.

167. El congreso en este año se limitará a calificar las observaciones que merezcan sujetarse a la deliberación del congreso siguiente, y esta declaración se comunicará al presidente, quien la publicará y circulará sin poder hacer observaciones.

168. El congreso siguiente, en el primer año de sus sesiones ordinarias, se ocupará de las observaciones sujetas a su deliberación para hacer las reformas que crea convenientes; pues

nunca deberá ser uno mismo el congreso que haga la calificación prevenida en el Artículo anterior, y el que decrete las reformas.

169. Las reformas o adiciones que se propongan en los años siguientes al de 30, se tomarán en consideración por el congreso en el segundo año de cada bienio, y si se calificaren necesarias, según lo prevenido en el Artículo anterior, se publicará esta resolución para que el congreso siguiente se ocupe de ellas.

170. Para reformar o adicionar esta constitución o la acta constitutiva, se observarán ademas de las reglas prescritas en los artículos anteriores, todos los requisitos prevenidos para la formación de las leyes, a excepción del derecho de hacer observaciones concedido al presidente en el Artículo 106.

171. Jamás se podrán reformar los artículos de esta constitución y de la acta constitutiva que establecen la libertad o independencia de la nación mexicana, su religión, forma de gobierno, libertad de imprenta, y división de los poderes supremos de la federación y de los Estados.

Dada en México a 4 del de Octubre del año del Señor de 1824. 4°. de la independencia, 3° de la libertad y 2° de la federación.

Libros a la carta

A la carta es un servicio especializado para
empresas,
librerías,
bibliotecas,
editoriales
y centros de enseñanza;
y permite confeccionar libros que, por su formato y concepción, sirven a los propósitos más específicos de estas instituciones.
Las empresas nos encargan ediciones personalizadas para marketing editorial o para regalos institucionales. Y los interesados solicitan, a título personal, ediciones antiguas, o no disponibles en el mercado; y las acompañan con notas y comentarios críticos.

Las ediciones tienen como apoyo un libro de estilo con todo tipo de referencias sobre los criterios de tratamiento tipográfico aplicados a nuestros libros que puede ser consultado en Linkgua-ediciones.com.
Linkgua edita por encargo diferentes versiones de una misma obra con distintos tratamientos ortotipográficos (actualizaciones de carácter divulgativo de un clásico, o versiones estrictamente fieles a la edición original de referencia).
Este servicio de ediciones a la carta le permitirá, si usted se dedica a la enseñanza, tener una forma de hacer pública su interpretación de un texto y, sobre una versión digitalizada «base», usted podrá introducir interpretaciones del texto fuente. Es un tópico que los profesores denuncien en clase los desmanes de una edición, o vayan comentando errores de interpretación de un texto y esta es una solución útil a esa necesidad del mundo académico.

Asimismo publicamos de manera sistemática, en un mismo catálogo, tesis doctorales y actas de congresos académicos, que son distribuidas a través de nuestra Web.

El servicio de «libros a la carta» funciona de dos formas.

1. Tenemos un fondo de libros digitalizados que usted puede personalizar en tiradas de al menos cinco ejemplares. Estas personalizaciones pueden ser de todo tipo: añadir notas de clase para uso de un grupo de estudiantes, introducir logos corporativos para uso con fines de marketing empresarial, etc. etc.
2. Buscamos libros descatalogados de otras editoriales y los reeditamos en tiradas cortas a petición de un cliente.

www.ingramcontent.com/pod-product-compliance
Lightning Source LLC
La Vergne TN
LVHW101930220826
846093LV00009B/418

* 9 7 8 8 4 9 0 0 7 3 4 5 2 *